CANTARES DE SALOMÃO: Rascunhos Analíticos.

Como chegamos a onde estamos?

Alexander da Silva Vasconcelos

Série Rascunhos Analíticos.

Alexander da Silva Vasconcelos

CANTARES DE SALOMÃO:
Rascunhos Analíticos.

São Luís-MA.

2021.

Alexander da Silva Vasconcelos[i]

CANTARES DE SALOMÃO:
Rascunhos Analíticos.

Trabalho *também* apresentado no Programa Livre de Mestrado em Teologia com ênfase em Estudos Bíblicos, da Faculdade Teológica ABECAR, por exigência do curso "Poesia Vetero-testamentária", sob orientação do professor Paulo José Lopes. *Adaptado*.

São Luís-MA.

2021

SUMÁRIO

1 INTRODUÇÃO

"Cântico dos cânticos",[ii] um jeito hebraico de superlativo: "hiperbolização de um substantivo por comparação com outros do mesmo gênero ou espécie (p.ex., *santo dos santos*, *rei dos reis*, *último dos últimos*, *bela entre as belas*)"![iii]

Uma possível classificação por "gênero literário"[iv] poderia implicar o gênero dramático, "que tem como forma de linguagem o diálogo e se caracteriza pela ênfase na ação, [*geralmente*]sem a interferência do narrador, de tal modo que esta, movida a partir de um conflito, transcorre diante do espectador como se estivesse acontecendo pela primeira vez"![v]

Suas personagens de ação, em ordem de apresentação: a esposa(1:2), "filhas de Jerusalém"(1:5), o esposo(1:8), um "porta-voz"(3:6).

Há uma certa harmonia estética com outras passagens: Gênesis 2:18-23≡Cantares 2:10-13; Provérbios 5:15-20≡Cantares 4:12-16ab.[vi]

O lugar (*poético/retórico*) de sua 'escritura' poderia ser as "câmaras reais"(1:4),[vii] respondendo, de forma retrospectiva, ao questionamento: como chegamos a onde estamos?

2 AUTORIA

Salomão é mencionado pelo nome nos versículos 1 e 5 do capítulo 1, nos versículos 7 e 9 e 11 do capítulo 3, e nos versículos 11 e 12 do capítulo 8.

Salomão tanto poderia ser predicado "rei"[viii] (como nos versículos 4 e 12 do capítulo 1, nos versículos 9 e 11 do capítulo 3, e no versículo 5 do capítulo 7), quanto poderia ser predicado "pastor"[ix] (como nos versículos 7 e 8 do capítulo 1, no versículo 16 do capítulo 2, e nos versículos 2 e 3 do capítulo 6), pois, nos tempos e lugares do Antigo Testamento, os governantes também eram predicados pastores, como bem observam as seguintes passagens: I Samuel 21:7;[x] 25:1-7;[xi] I Reis 22:14-18;[xii] Eclesiastes 12:10-11;[xiii] Isaías 44:28-45:6;[xiv] Jeremias 23:1-8; Ezequiel 34:1-10.[xv] Bem como vale lembrar, que a "profissão" do pai de Salomão fora pastor!

2.1 EVIDENCIAS INTERNAS

Jeremias 7(:30-34)[xvi] e Jeremias 25(:1-13)[xvii] ao falarem "...farei cessar... a voz do esposo e a voz da esposa.../... farei desaparecer... a voz do esposo, e a voz da esposa..." como marco espaço-temporal profético está sinalizando prática reiterada, tradição consolidada; e bem anterior aos ainda vindouros 70 anos de cativeiro babilônico!

Isto harmoniza com os anos de glória de Quedar(Isaías 21:13-17) e Tirza(Josué 12:24; 17:1-6; I Reis 14-16), bem dentro, espaço-temporal, do reinado salomônico![xviii]

Bruce Wilkinson & Kenneth Boa trazem outra harmonia: "I Reis 4:29-34 informa que Salomão havia composto 1005 cânticos e adquirira conhecimento de plantas e do mundo animal. O maior de seus cânticos menciona vinte e uma espécies de plantas e quinze espécies de animais"![xix]

2.2 EVIDENCIAS EXTERNAS

"Porque o rei tinha no mar as naus de Társis, com as naus de Hirão; uma vez em três anos tornavam as naus de Társis, *e* traziam ouro e prata, marfim, **e bugios, e pavões**. Assim o rei Salomão excedeu a todos os reis da terra, tanto em riquezas como em sabedoria. E toda a terra buscava a face de Salomão, para ouvir a sabedoria que Deus tinha posto no seu coração"! I Reis 10:22-24 (**negrito** nosso).

"Porque, indo os navios do rei com os servos de Hirão, a Társis, voltavam os navios de Társis, uma vez em três anos, e traziam ouro e prata, marfim, **bugios e pavões**. Assim excedeu o rei Salomão a todos os reis da terra, em riquezas e sabedoria. E todos os reis da terra buscavam a presença de Salomão, para ouvirem a sabedoria que Deus tinha posto no seu coração"! II Crônicas 9:21-23 (**negrito** nosso).

"Chaim Rabin defende a relação entre o Ct e os cantos de amor indianos. Esta opinião se fundamenta nos contatos comerciais de Israel com a Índia durante o reinado de Salomão. Ele afirma que na última parte do terceiro milênio a.C. e no início do segundo houve relações entre as cidades de Harrapan, no vale hindu, e a baixa Mesopotâmia. Alguns objetos importados demonstram não só as trocas de alguns produtos, mas a atração pelos símbolos religiosos hindus. Um exemplo de comunicação entre essas civilizações foi a importação de macacos. Rabin cita também uma história do Jataka budista, o Bāveru Jātaka, que apresenta mercadores indianos soltando um pavão treinado para o rei de Bāveru. O pássaro foi condicionado a dançar quando se batia palma e a guinchar quando se estalava os dedos. Para Rabin, a conexão entre Mesopotâmia e Índia, após a destruição da civilização hindu e desde então o nome Bāveru (Babel), dificilmente poderia ter sido conhecido no último período quando o comércio com a Índia passou a acontecer via sul da Arábia. Assim Rabin conclui que essa história do pavão deve ser anterior ao ano 2000 a.C. Estatuetas de pavão feitas de marfim encontradas na Mesopotâmia sugerem que esses pássaros devem ter sido importados antes do ano 2000 a.C. **A importação de macacos e pavões é mencionada em 1Rs 10,22; 2Cr 9,21 quando se fala do comércio marítimo de Salomão**. O termo *tukkiyyîm*, singular *tukkî* tem sido entendido como derivação do termo tamil *tōkai*. **Outra palavra proveniente da língua hindu é aloés (4,14)"!**[xx] (negrito nosso).

3 ESTRUTURA DO LIVRO

Apesar da escrita salomônica, a narração em primeira pessoa é da lavra da Sulamita, podendo precisar seus eventos (e sua escrita) a partir de Cantares 6:8-9 (em comparação a I Reis 11:1-3), nos primórdios do reinado salomônico.[xxi]

A poesia hebraica é diferente da poesia portuguesa. Esta é desenvolvida da poesia latina e grega, que são, preponderantemente, baseadas no som. A poesia hebraica é, preponderantemente, baseada no pensamento-em-linhas-equilibradas-paralelas![xxii]

Este tipo de literatura constitui 1/3 do Antigo Testamento. É especialmente comum nas seções "Profetas" (todos, exceto Ageu e Malaquias contêm poesia) e "Escritos" do cânon hebraico![xxiii]

Um de seus tipos de paralelismos, talvez o geometricamente mais admirável, seria o "quiástico",[xxiv] um padrão de poesia que expressa a mensagem numa ordem descendente e ascendente. O ponto principal é encontrado no meio do padrão. Ilustrável em Gênesis 1:26-27; 12:1-3; Isaías 2:5-22; 11:1-10; 44:6-8; Malaquias 1:6-10; João 1:1-18(!); I Coríntios 12-13-14(!); Filipenses 2:1-8; Tito 1-2-3(!).[xxv]

Seria possível perceber uma macroestrutura quiasmática em Cântico dos Cânticos/*Shir Hashirim*:

I.   Apresentação escritor/narradora: 1:1-2;[xxvi]

II.   Cotidiano recôndito após "lua-de-mel": 1:2-11;[xxvii]

III.   Cotidiano ecológico[xxviii] após "lua-de-mel": 1:12-17;

IV.   Esponsais:[xxix] 2:1-**7**;[xxx]

V.   Intimidades esponsais: 2:8-15;

VI.   O "namoro" continua...: 2:16-17;[xxxi]

VII.   Ansiedades esponsais (oníricas): 3:1-**5**;[xxxii]

VIII.   (Desposório) Proclamas: 3:6-11;>

IX.   (Desposório) Núpcias:[xxxiii] 4:1-5:1ab;[xxxiv]><u>Quiasmo, ponto principal</u>.

X.   (Desposório) Banquete: 5:1c;[xxxv]>

XI.   Ansiedades matrimoniais (oníricas): 5:1-**8**;[xxxvi] (≈3:1-5)

XII.   Intimidades matrimoniais: 5:9-16; (≈4:1-7)

XIII.   O "namoro" continua...: 6:1-3;[xxxvii] (≈2:16-17)

XIV.   Intimidades matrimoniais II: 6:4-13; (≈2:10-15)[xxxviii]

XV.   "Esponsais": 7:1-9; (≈2:1-9)

XVI.   "Cotidiano ecológico após 'lua-de-mel'": 7:10-8:**4**;[xxxix] (≈1:12-17)

XVII.   "Cotidiano recôndito após 'lua-de-mel'": 8:5-14.[xl] (≈1:2-11)

4 TEMA CENTRAL

"Conjuro-vos, ó filhas de Jerusalém, pelas gazelas e cervas do campo, que não acordeis nem desperteis o *meu* amor, até que queira"! 2:7

"Conjuro-vos, ó filhas de Jerusalém, pelas gazelas e cervas do campo, que não acordeis, nem desperteis o *meu* amor, até que queira"! 3:5

"Conjuro-vos, ó filhas de Jerusalém, que, se achardes o meu amado, lhe digais que *estou* enferma de amor"! 5:8 (negrito nosso).

"Conjuro-vos, ó filhas de Jerusalém, que não acordeis nem desperteis o *meu* amor, até que queira"! 8:4

O amor núbil[xli] tem seu tempo determinado. Há tempo para o propósito núbil debaixo do céu! Que não deve ser acordado nem despertado até querido "naturalmente" (Gênesis 2:24; Mateus 19:4-6). E, depois de querido, devotado (Gênesis 24:58-67; I Coríntios 7:1-5). E, depois de devotado, legado[xlii] (Gênesis 28:1-7; Tito 2:1-5).

5 AUDIÊNCIA E APLICAÇÃO ATUAL

"NÃO clama porventura a sabedoria, e a inteligência não faz ouvir a sua voz? No cume das alturas, junto ao caminho, nas encruzilhadas das veredas se posta. Do lado das portas da cidade, à entrada da cidade, e à entrada das portas está gritando: A vós, ó homens, clamo; e a minha voz se dirige aos filhos dos homens..."! Provérbio 8:1-4

"O livro está intitulado 'o melhor dos cânticos' e sem dúvida o é. É um hino que Adão poderia ter cantado no Paraíso quando o Senhor em sua sábia providência entregou-lhe Eva por esposa. Em linguagem franca, mas pura o livro louva o amor mútuo entre marido e esposa, e, portanto, ensina-nos a não desprezarmos a beleza física e o amor conjugal considerando-os de natureza inferior. Considerando que são dons do Criador às Suas criaturas (cons. Tg. 1:17), são bons e perfeitos no seu lugar e no seu propósito. O livro apresenta uma forte advertência contra o dualismo [*anti*]bíblico que considera o físico e o material inferior ao espiritual, e que exalta o celibato como sendo mais virtuoso do que o estado matrimonial..."![xliii]

6 REFERENCIAS

A Bíblia Sagrada. Tradução *João Ferreira Annes de Almeida*: "Almeida Corrigida Fiel – ACF". São Paulo: Sociedade Bíblica Trinitariana do Brasil, 2007.

Bíblia de estudo profética/ Tim LaHaye, editor geral; Ed Hindson, James Combs e Thomas Ice, editores associados [tradução Carlos Osvaldo Cardoso Pinto, Neyd Siqueira]. São Paulo: Hagnos, 2005.

Bíblia de Estudo Palavras-Chave Hebraico e Grego[*James Strong*]. [*Spiros Zodhiates, Warren Baker, Eugene Carpenter (organizadores)*]4.ª ed. Rio de Janeiro: CPAD, 2015.

Comentário Bíblico Expositivo: Antigo Testamento, volume III (Poéticos)/ Warren W. Wiersbe; [tradução Susana E. Klassen]. São Paulo: Geográfica, 2006.

Comentário Bíblico Moody. Volume 1: Gênesis à Malaquias. [Cantares de Salomão] Sierd Woudstra, comentador; Charles F. Pfeiffer, editor. São Paulo: Editora Batista Regular, 2010.

Descobrindo a Bíblia. Bruce Wilkinson & Kenneth Boa. São Paulo: Arte Editorial/Candeia, 2007?.

Diccionario Etimológico Castellano En Línea. Valentín Anders. Soy su creador, patrocinador y director. Política de Privacidad – Copyright www.deChile.net. (c) 2001-2021 - Todos los derechos reservados. Acessível em http://etimologias.dechile.net/.

HOUAISS, dicionário eletrônico 1.0.5a e 2.0 (RJ: Editora Objetiva, 2002/2007). [Instituto Antônio Houaiss de Lexicografia e Banco de Dados da Língua Portuguesa S/C Ltda. Diretores: Antônio Houaiss (1915-1999), Mauro de Salles Villar (1939-), Francisco Manoel de Mello Franco (1933-2015)].

Introdução à Retórica. Olivier Reboul; [tradução Ivone Castilho Benedetti]. São Paulo: Martins Fontes, 2004. – (Justiça e Direito).

O *ahăb* de Ct e Qoh e o *sárx mía* de Mt – O relacionamento homem-mulher a partir de Ct 8,5-7, Qoh 9,7-10 e Mt 19,1-9. / Samuel de Jesus Duarte; orientador: Isidoro Mazzarolo. Rio de Janeiro: PUC-RJ, 2009. [Tese de Doutorado – Departamento de Teologia, Pontifícia Universidade Católica do Rio de Janeiro]. Acessível em https://www.maxwell.vrac.puc-rio.br/31626/31626_3.PDF. [*I Tessalonicenses 5:21*].

O Cântico dos Cânticos. Luís I. J. Stadelmann. Revista Perspectiva Teológica. Ano XXVI, N.º 68, jan-abr/1994, páginas 47-60. Faculdade Jesuíta de Filosofia e Teologia. Acessível em https://faje.edu.br/periodicos/index.php/perspectiva/article/view/1201. [*I Tessalonicenses 5:21*].

Paralelismo, a Retórica Semítica. Autoria inespecífica. Site bibliapovo.com.br, seção

"introduções". Acessível em
https://www.bibliapovo.com.br/intro/paralel.pdf. [*I Tessalonicenses 5:21*].

[i] Alexander Vasconcelos, bíblico,batista! alex.iquitus@gmail.com

[ii] https://biblias.com.br/acfonline. **Todas as referências bíblicas Almeida Corrigida Fiel (ACF)**. Pela Preservação das Escrituras, Pelo Literalismo Interpretativo! Por quê? Porque... https://biblicobatista.blogspot.com/2020/09/por-que-nao-usar-as-traducoes-revista-e.html.

[iii] HOUAISS, dicionário eletrônico 1.0.5a e 2.0 (RJ: Editora Objetiva, 2002/2007), verbete 'superlativo'. Como na ementa de Eclesiastes/Kohelet **também**: "Palavras do pregador, filho de Davi, rei de Jerusalém. Vaidade de vaidades, diz o pregador, vaidade de vaidades! Tudo é vaidade"! ≈ "Cântico dos cânticos, que é de Salomão. Beije-me ele com os beijos da sua boca; porque melhor *é* o teu amor do que o vinho"!

[iv] "5 Rubrica: literatura. em teoria literária, cada uma das divisões que englobam obras literárias de

características similares [Inicialmente tripartite e já objeto de estudo de Platão e Aristóteles, é com o Romantismo que os estudos sobre os gêneros alcançam maior divulgação, sendo tb. divididos em três: lírico, épico e dramático; no entanto, o problema da classificação dos gêneros permanece com o aparecimento, p.ex., da narrativa, atualmente considerada como um gênero proveniente, segundo alguns, do desenvolvimento do gênero épico.]". HOUAISS, dicionário eletrônico 1.0.5a e 2.0 (RJ: Editora Objetiva, 2002/2007), verbete 'gênero'.

[v] HOUAISS, dicionário eletrônico 1.0.5a e 2.0 (RJ: Editora Objetiva, 2002/2007), verbete 'dramático', *adaptado*.

[vi] "... Em oposição a tais teorias se recorreu ao sentido teológico do amor em harmonia com a visão do homem e da mulher como é proposto em Gn 2,18-25 e aconselhado em Pr 5,15-21. Aplicaram-se ao *Cântico* algumas passagens da Bíblia para corroborar a tese sobre a bondade da criação e a

maravilha do amor humano, pois através do amor finito se vislumbra o amor infinito...". O Cântico dos Cânticos. Luís I. J. Stadelmann. Revista Perspectiva Teológica. Ano XXVI, N.º 68, jan-abr/1994, pág. 47. [*I Tessalonicenses 5:21*].

[vii] "Leva-me tu; correremos após ti. **O rei me introduziu nas suas câmaras**; em ti nos regozijaremos e nos alegraremos; do teu amor nos lembraremos, mais do que do vinho; os retos te amam"! (**negrito** nosso).

[viii] Ou "Salomão tanto poderia receber um epíteto real ("rei")..."

[ix] Ou "... quanto poderia receber um epíteto pastoril ("pastor")..."

[x] "*Estava,* porém, ali naquele dia um dos criados de Saul, detido perante JEHOVAH, e *era* seu nome Doegue, edomeu, o mais poderoso **dos pastores** de Saul"! (**negrito** nosso).

[xi] "E FALECEU Samuel, e todo o Israel se ajuntou, e o prantearam, e o sepultaram na sua casa, em Ramá. E Davi se levantou e desceu ao deserto de Parã. E *havia um* homem em Maom, que tinha as suas possessões no Carmelo; e *era* **este homem muito poderoso**, e tinha três mil ovelhas e mil cabras; e estava tosquiando as suas ovelhas no Carmelo. E *era* **o nome deste homem Nabal**, e o nome de sua mulher Abigail; e *era* a mulher de bom entendimento e formosa; porém o homem *era* duro, e maligno nas obras, e era da casa de Calebe. E ouviu Davi no deserto que Nabal tosquiava as suas ovelhas, E enviou Davi dez moços, e disse aos moços: Subi ao Carmelo, e, indo a Nabal, perguntai-lhe, em meu nome, como está. E assim direis àquele próspero: Paz tenhas, e que a tua casa tenha paz, e tudo o que tens tenha paz! Agora, pois, tenho ouvido que tens tosquiadores. Ora, **os pastores que tens estiveram conosco**; agravo nenhum lhes fizemos, nem coisa alguma lhes faltou todos os dias que estiveram no Carmelo"! (**negrito** nosso).

[xii] "Porém Micaías disse: Vive JEHOVAH que o que JEHOVAH me disser isso falarei. E, **vindo ele ao rei**, o rei lhe disse: Micaías, iremos a Ramote de Gileade à peleja, ou deixaremos de ir? E *ele* lhe disse: Sobe, e serás bem-sucedido; porque JEHOVAH a **entregará na mão do rei**. E **o rei lhe disse**: Até quantas vezes te conjurarei, que não me fales senão a verdade em nome de JEHOVAH? Então disse ele: Vi a todo o Israel disperso pelos montes, como ovelhas **que não têm pastor**; e disse JEHOVAH: Estes **não têm senhor**; torne cada um em paz para sua casa. Então o rei de Israel disse a Jeosafá: Não te disse eu, que nunca profetizará **de mim** *o que é* bom, senão só *o que é* mau?"! (**negrito** nosso).

[xiii] "Procurou o pregador achar palavras agradáveis; e escreveu-*as* com retidão, palavras de verdade. As palavras dos sábios *são* como aguilhões, e como pregos, bem fixados *pelos* mestres das assembleias, *que* nos foram **dadas pelo único Pastor**"! (**negrito** nosso).

[xiv] "**Que digo de Ciro**: **É meu pastor**, e cumprirá tudo o que me apraz, dizendo também a Jerusalém: Tu serás edificada; e *ao* templo: Tu serás fundado. ASSIM diz JEHOVAH ao seu ungido, a Ciro, a quem tomo pela mão direita, para abater as nações diante de sua face, e descingir **os lombos dos reis**, para abrir diante dele as portas, e as portas não se fecharão. Eu irei adiante de ti, e endireitarei os caminhos tortuosos; quebrarei as portas de bronze, e despedaçarei os ferrolhos de ferro. Dar-te-ei os tesouros escondidos, e as riquezas encobertas, para que saibas que eu *sou* JEHOVAH, o Deus de Israel, **que *te* chama pelo teu nome**. Por amor de meu servo Jacó, e de Israel, meu eleito, eu te chamei pelo teu nome, **pus o teu sobrenome**, ainda que não me conhecesses. Eu *sou* JEHOVAH, e não há outro; fora de mim não *há* Deus; eu te cingirei, ainda que tu não me conheças; Para que se saiba desde o nascente do sol, e desde o poente, que fora de mim não *há* outro; eu *sou* JEHOVAH, e não *há* outro"! (**negrito** nosso).

xv "... Salomão é mencionado em 1:1, 5; 3:7, 9, 11; e 8:11, 12. Salomão era um rei (1:4, 12; 3:9, 11; 7:5) e um pastor (1:7, 8; 2:16; 6:2, 3), pois, no tempo do Antigo Testamento, os governantes eram chamados de 'pastores' (Jr 23; Ez 34). No Oriente, o xeique era o patriarca da família, o pastor de um rebanho e o soberano de um reino (ver Lc 12:32)..."! (**Comentário Bíblico Expositivo**: Antigo Testamento, volume III (Poéticos)/ Warren W. Wiersbe, pág. 513).

xvi "Porque os filhos de Judá fizeram o *que era* mau aos meus olhos, diz JEHOVAH; puseram as suas abominações na casa que se chama pelo meu nome, para contaminá-la. E edificaram os altos de Tofete, que *está* no Vale do Filho de Hinom, para queimarem no fogo a seus filhos e a suas filhas, o que nunca ordenei, nem me subiu ao coração. Portanto, **eis que vêm dias**, diz JEHOVAH, em que não se chamará mais Tofete, nem Vale do Filho de Hinom, mas o Vale da Matança; e enterrarão em Tofete, por não *haver outro* lugar. E os cadáveres deste povo servirão de pasto às aves dos céus e aos animais da terra; e ninguém *os* espantará. **E farei cessar** nas cidades de Judá, e nas ruas de Jerusalém, a voz de gozo, e a voz de alegria, **a voz de esposo e a voz de esposa**; porque a terra se tornará em desolação"! (**negrito** nosso).

[xvii] "A PALAVRA que veio a Jeremias acerca de todo o povo de Judá **no quarto ano de Jeoiaquim, filho de Josias, rei de Judá (que é o primeiro ano de Nabucodonosor, rei de Babilônia**), A qual anunciou o profeta Jeremias a todo o povo de Judá, e a todos os habitantes de Jerusalém, dizendo: **Desde o ano treze de Josias**, filho de Amom, rei de Judá, **até o dia de hoje, período de vinte e três anos**, tem vindo a mim a palavra de JEHOVAH, e vo-la tenho anunciado, madrugando e falando; **mas vós não escutastes**. Também vos enviou JEHOVAH todos os seus servos, os profetas, madrugando e enviando-os, **mas vós não escutastes**, nem inclinastes os vossos ouvidos para ouvir, Quando diziam: Convertei-vos agora cada um do seu mau caminho, e da maldade das suas ações, e habitai na terra que JEHOVAH vos deu, e a vossos pais, para sempre. E

não andeis após outros deuses para os servirdes, e para vos inclinardes diante deles, nem me provoqueis à ira com a obra de vossas mãos, para que não vos faça mal. **Porém não me destes ouvidos**, diz JEHOVAH, mas me provocastes à ira com a obra de vossas mãos, para vosso mal. Portanto assim diz JEHOVAH dos Exércitos: Visto que **não escutastes as minhas palavras**, Eis que eu enviarei, e tomarei a todas as famílias do norte, diz JEHOVAH, como também a Nabucodonosor, rei de Babilônia, meu servo, e os trarei sobre esta terra, e sobre os seus moradores, e sobre todas estas nações em redor, e os destruirei totalmente, e farei que sejam objeto de espanto, e de assobio, e de perpétuas desolações. E **farei desaparecer** dentre eles a voz de gozo, e a voz de alegria, **a voz do esposo, e a voz da esposa**, *como também* o som das mós, e a luz do candeeiro. E toda esta terra virá a ser *um* deserto e *um* espanto; e estas nações servirão ao rei de Babilônia setenta anos..."! (**negrito** nosso).

[xviii] "... Ele[*Ernest Renan*] argumenta que as citações de Jr 7,34 e 25,10 ajudam a esclarecer o contexto do

Ct. Elas apresentam o 'canto do noivo e o júbilo da noiva' que, para Renan, representam um modelo do gênero literário do Ct...

Outro autor que defende a época salomônica para o Ct é M. H. Segal... Para relatar tantos detalhes, Segal afirma que o autor precisava estar próximo. Ele constata isso quando o autor faz referência às tendas de Cedar e aos carros do Faraó. Afirma também que só os contemporâneos de Salomão poderiam convidar as filhas de Sião a ficar de frente e olhar o rei Salomão com a coroa com que sua mãe o corou no dia de seu casamento (3,11). A torre de Davi e os mil escudos (4,4), a abundância de cedro (1,17; 3,9), as características topográficas (Damasco, as montanhas do Líbano, Engadi, Heshbon, o Monte Carmelo – 6,5; 4,8; 1,14; 4,1; 7,5.6), a cidade de Tirsa como rival de Jerusalém, tudo isso aponta para o período salomônico...". **O *ahăb* de Ct e Qoh e o *sárx mía* de Mt – O relacionamento homem-mulher a partir de Ct 8,5-7, Qoh 9,7-10 e Mt 19,1-9**. / Samuel de Jesus Duarte; orientador: Isidoro Mazzarolo, págs. 19-21 [*I Tessalonicenses 5:21*].

[xix] **Descobrindo a Bíblia**. Bruce Wilkinson & Kenneth Boa, págs. 219-220.

[xx] **O *ahăb* de Ct e Qoh e o *sárx mía* de Mt – O relacionamento homem-mulher a partir de Ct 8,5-7, Qoh 9,7-10 e Mt 19,1-9**. / Samuel de Jesus Duarte; orientador: Isidoro Mazzarolo, págs. 21-22 [*I Tessalonicenses 5:21*].
Acrescentem-se a Cantares 4:14, Salmos 45:8 e Provérbios 7:17, todos textos salomônicos!

[xxi] "**Sessenta são as rainhas, e oitenta as concubinas**, e as virgens sem número. *Porém* **uma é a minha pomba, a minha imaculada**, a única de sua mãe, e a mais querida daquela que a deu à luz; viram-na as filhas e chamaram-na bem-aventurada, as rainhas e as concubinas louvaram-na"! (**negrito** e <u>sublinho</u> nosso). Assertiva de Bruce Wilkinson & Kenneth Boa.

[xxii] Em outras palavras, "... A chave para esse tipo de poesia é o *paralelismo*, o qual envolve a 'rima' de

idéias através de cuidadoso arranjo de pensamentos paralelos...”! **Descobrindo a Bíblia**. Bruce Wilkinson & Kenneth Boa, págs. 176-178.

O Bispo Robert Lowth, em seu livro *Lectures on the Sacred Poetry of the Hebrews* (1753),* foi o primeiro a caracterizar a poesia bíblica como **linhas equilibradas de pensamento**.

* Original em Latim acessível em https://books.google.com.br/books?id=99FIAAAAc AAJ&printsec=frontcover&dq=%20De_sacra_poesi _Hebraeorum_praelectiones&hl=pt-BR&sa=X&ved=0ahUKEwjD5uKzg8_%20UAhVK H5AKHWq6CjwQ6AEILjAB#v=onepage&q=De_s acra_poesi_Hebraeorum_praelectiones&f=false;

Tradução em Inglês (de 1829) acessível em https://books.google.com.br/books?id=hdYMAAAA IAAJ&printsec=frontcover&hl=pt-BR&source=gbs_ge_summary_r&cad=0#v=onepag e&q&f=false.

[xxiii] Mateus 23:29-36; Lucas 11:47-51; 16:27-31; 24:25-32, 36-45; João 1:43-51:

Sagradas Escrituras Judias			
Leis (Torah) ou Pentateuco (Chumash):	Reis (Melachin) I&II	Naum (Nachum)	Cântico dos Cânticos (Shir Hashirim)
Gênese (Bereshit)	Isaías (Ishaiah)	Habacuque (Chabakuk)	Rute (Ruth)
Êxodo (Shemot)	Jeremias (Irmiah)	Sofonias (Tsefaniah)	Lamentações (Eichah)
Levítico (Vaikrá)	Ezequiel (Ichezkel)	Ageu (Chagai)	Eclesiastes (Kohelet)
Números (Bamidbar)	Oséias (Hoshea)	Zacarias (Zechariah)	Ester (Ester)
Deuteronômio (Devarim)	Joel (Ioel)	Malaquias (Malachi)	Daniel (Daniel)
Profetas (Neviim):	Amós (Amos)	*Hagiógrafos (Ketuvim):*	Esdras (Ezra)
Josué (Ioshua)	Abdias (Ovadiah)	Salmos (Tehilim)	Neemias (Nechemiah)
Juízes (Shoftim)	Jonas (Ionah)	Provérbios (Mishlei)	Crônicas (Divrei Haiamim) I&II
Samuel (Shmuel) I&II	Miquéias (Michah)	Jó (Iov)	

Fonte: **HOUAISS**, dicionário eletrônico 1.0.5a e 2.0 (RJ: Editora Objetiva, 2002/2007), aba "Ajuda", "Conhecendo o dicionário", "Quadros", "Bíblias", *recorte*.

[xxiv] "Acepções ■ substantivo masculino

Rubrica: retórica.

disposição cruzada da ordem das partes simétricas de duas frases, de modo que formem uma antítese ou um paralelo (p.ex.: *vou sempre ao cinema, ao teatro não vou nunca; meu filho abraçou-me carinhosamente, carinhosamente o abracei)*...

Etimologia gr. *khiasmós,oû* 'disposição em cruz, em forma da letra grega *khi (X)*; em retórica, certa disposição cruzada de frases; incisão em cruz'; ver *quiasm(o)*-; f.hist. 1899 *chiasma*." **HOUAISS**, dicionário eletrônico 1.0.5a e 2.0 (RJ: Editora Objetiva, 2002/2007), verbetes "quiasmo" e "quiasma", *adaptados*.

"O quiasmo é uma oposição baseada numa inversão, AB-BA, e não mais na repetição... <u>Lucas 18:(9-)14</u>... Note-se ainda a extrema economia de meios em Pascoal; seu quiasmo, por exemplo, nada tem de ornamentação; é o próprio movimento do pensamento. É bem uma figura de conteúdo, independente em princípio do autor e da situação, no sentido que, se quisermos dizer a mesma coisa, não poderemos dizer de outro modo; o quiasmo tem a mesma necessidade de uma fórmula matemática como $a \times b = b \times a$"! **Introdução à Retórica**. Olivier Reboul, págs. 126-129, 143-151, 251.

Oposições numa inversão, paralelos num espelho!!!

[xxv] Daí seu transbordo funcional retórico também:
"O PARALELISMO, A RETÓRICA SEMITA... O paralelismo é a alma da poesia da Bíblia. Através de seus vai-vens[*sic*] também faz o leitor e o ouvinte perceber muitas outras coisas que não são ditas diretamente... É assim geralmente que o semita fala e raciocina. Essa maneira de se expressar é chamada retórica semita... O mesmo se pode ver em blocos maiores como os capítulos 12 (A),13 (B) e 14 (A') da Primeira aos Coríntios, a que vamos voltar... Um bom desafio para o leitor será encontrar esse paralelismo cruzado ou quiástico, característico da retórica semita, no Prólogo do Evangelho de João (Jo 1,1- 18). Comece procurando o paralelismo entre os primeiros 2 versículos e o último. Depois compare v. 3 e v. 17; vv.4 e 5 e v.16. Verifique que as duas referências a João Batista (vv.6-8 e v. 15) foram inseridas em um poema já existente, sem desarranjar sua estrutura paralela. A primeira

referência a João Batista está nos versículos 6-8. Observe como o v. 9 dá continuidade perfeita ao v. 5. A outra está no versículo 15. Note também como ela quebra a continuidade entre o v. 14 e o 16. Tudo isso mostra como o autor do Evangelho sabia que o poema seguia a estrutura da retórica semita e a respeitou. E siga em diante até chegar ao miolo. Descubra e curta qual é o centro do poema, o miolo do sanduiche. O paralelismo acaba sendo também um recurso gráfico. É o que chamam de inclusão[≡*CLÁUSULA, figura retórica fonológica*]. Que é isso? Para delimitar uma unidade literária, o que hoje se faz com a divisão do texto em parágrafos ou com a colocação de traços, outros sinais gráficos ou subtítulos, como fazemos aqui, o semita faz que a última frase do texto seja paralela à primeira, mostrando assim que aquele trecho é um bloco unitário: tem começo e fim, terminando como começou... A retórica semita, esse jeito de organizar uma fala, é utilizada para destacar o sentido daquilo que se fala... Começando pelo fim, capítulos inteiros paralelos nós temos, de maneira muito significativa, três capítulos (12,13 e 14) da Primeira aos Coríntios.

Poderíamos dizer que estão em paralelismo de quiasmo ou do tipo sanduiche. Os capítulos 12 e 14 falam do caminho dos dons carismáticos. O capítulo 13, porém, fala do amor como o 'caminho superior a todos'. O miolo, como é normal, aqui no caso, o hino do amor, é o mais importante..."! Paralelismo, a Retórica Semítica. Autoria inespecífica. Site bibliapovo.com.br, seção "introduções", *excertos*. [*I Tessalonicenses 5:21*].

xxvi Narrativa Sulamita; Escritura Salomônica; Autoria Pneumatológica!

"E temos, mui firme, a palavra dos profetas, à qual bem fazeis em estar atentos, como a uma luz que ilumina em lugar escuro, até que o dia amanheça, e a estrela da alva apareça em vossos corações. Sabendo primeiramente isto: Que nenhuma profecia da Escritura é de particular interpretação. Porque a profecia nunca foi produzida por vontade de homem algum, **mas os homens santos de Deus falaram movidos pelo Espírito Santo**"!! II Pedro 1:19-21 (**negrito** nosso).

[xxvii] "Leva-me tu; correremos após ti. **O rei me introduziu nas suas câmaras**; em ti nos regozijaremos e nos alegraremos; do teu amor nos lembraremos, mais do que do vinho; os retos te amam"! 1:4 (**negrito** e <u>sublinho</u> nosso).

O lugar da narrativa! O lugar da escritura! Responde a: como chegamos a onde estamos? Espiral parabólica descendente ≡ retrospectiva!

[xxviii] "Acepções

2 Derivação: por analogia.

estudo das relações recíprocas entre o homem e seu meio moral, social, econômico

Ex.: <e. social> <e. criminal>...

Etimologia

fr. *écologie* (1910) 'ecologia', este emprt. do al. *Ökologie*, t. forjado, em 1866, por E. H. Haeckel (1834-1919, zoologista e biólogo al.), do gr. *oîkos,on* 'casa' + gr. *lógos,ou* 'linguagem'; o emprt. do fr. ao al. se deu prov.

pelo ing. *oecology* (1873); ver *ec(o)-* e *-logia*".
HOUAISS, dicionário eletrônico 1.0.5a e 2.0 (RJ:
Editora Objetiva, 2002/2007), verbete "ecologia".

[xxix] "Acepções

■ substantivo masculino plural

1 contrato de casamento; noivado, esponsal

2 solenidade em que se firma esse contrato

3 cerimônia que precede o casamento

4 Rubrica: termo jurídico. Diacronismo: obsoleto.

promessa recíproca de casamento, formalizada por escritura pública firmada pelos noivos ou por seus pais, em que se inscreviam pactos ou convenções a serem cumpridos em conseqüência do matrimônio...". **HOUAISS**, dicionário eletrônico 1.0.5a e 2.0 (RJ: Editora Objetiva, 2002/2007), verbete "esponsais".

[xxx] "Conjuro-vos, ó filhas de Jerusalém, pelas gazelas e cervas do campo, que não acordeis nem desperteis o *meu* amor, até que queira"! 2:7 < Eclesiastes 3:1-8!

Primeira das quatro divisões decisivas do livro, vinculando unidade e marcando (mudança de) "cenário".

[xxxi] ... O trabalho continua < Gênesis 2:18-25!

[xxxii] "Conjuro-vos, ó filhas de Jerusalém, pelas gazelas e cervas do campo, que não acordeis, nem desperteis o *meu* amor, até que queira"! 3:5

Segunda das quatro divisões decisivas do livro, vinculando unidade e marcando (mudança de) "cenário".

[xxxiii] "NUPCIAS La palabra nupcias es un cultismo que viene del latín nuptiae, empleado ya en plural en latín y que significa 'ceremonia de una boda'. El matrimonio en sí como vínculo jurídico y derecho se llamaba connubium. **Nuptiae se deriva de la raíz**

del verbo nubĕre (casarse una mujer), verbo que según todos los etimologistas latinos y muchos modernos se deriva de nubes, que además de nube designa al velo, prenda característica que se ponía la novia en la ceremonia y que entre los romanos era de color azafrán[≈*Cantares 4(:13-14)*]. Para ver una explicación más exacta y extensa de todo ello, consultar la entrada nupcial. - Gracias: Helena"! (**negrito** e sublinho nosso). **Diccionario Etimológico Castellano En Línea**. Copyright www.deChile.net. (c) 2001-2021, verbete "nupcias", acessível em http://etimologias.dechile.net/?nupcias.

"NUPCIAL La palabra nupcial viene del latín nuptialis, y como este adjetivo latino, designa todo lo relacionado con una boda. La boda en latín se llama nuptiae, de donde procede nuestra palabra nupcias. **La raíz del vocablo es nub-, y pertenece a la palabra nubes, que además de significar 'nube', significa velo, velo trasparente en general, especialmente el velo de las novias. Casarse, desde el punto de vista de la mujer se dice 'nubere viro', que literalmente significa 'ponerse el velo para un varón'. Por eso cuando un varón**

se casaba nunca decía 'nubere', pues el no se ponía ningún velo. Casarse, desde el punto de vista del varón se decía 'uxorem ducere' (conducir a una esposa), expresión que hace alusión al rito de la conducción de la recién casada, tras el banquete, a la nueva morada del marido, acompañada por un cortejo que el novio dirigía. Al llegar cerca de la casa el novio se adelantaba y la esperaba en el umbral, desde donde preguntaba a la novia cómo se llamaba. La novia respondía ritualmente 'Ubi tu Gaius, ego Gaia' (Allá donde tú seas Gayo, yo seré Gaya), y entonces era levantada en brazos para cruzar el umbral y evitar un posible mal tropiezo, que hubiera sido mal augurio para ella en su nuevo hogar. Por eso 'núbil' en latín (nubilis), en principio sólo se aplica a las mujeres, para expresar que están ya en edad casadera, que pueden 'ponerse el velo'. Sólo mucho después se ha aplicado a hombres y mujeres que ya han pasado la pubertad. **Es pues la tradición romana del velo de la novia lo que da lugar a todas estas palabras, velo que preferentemente era un gran velo trasparente de color azafrán**[≈*Cantares 4(:13-14)*]**, aunque la**

túnica y vestimenta de la novia sí era blanca. Cubierta con el velo, tras la firma de los contratos maritales y el ritual, la novia era 'desvelada' por el novio, que retiraba el velo hacia atrás y dejaba ver al descubierto su rostro, **y ya después se celebraba el banquete**[≈*Cantares 5:1c*]. La tradición de los anillos, también romana, procede de los esponsales (acto de promisión muy anterior a la boda en sí, en que los prometidos intercambiaban unos anillos de hierro). El matrimonio en sí, juridicamente se llama connubium, porque en las primeras formas de matrimonio romanas, en la variante del matrimonio religioso (confarreatio), en que los contrayentes ofrendaban un pastel nupcial, en un momento del ritual los contrayentes eran cubiertos por un velo o tela compartida que los enlazaba y caía sobre sus hombros, y ese 'velo común' o compartido da pie al término jurídico. Esta forma de matrimonio religioso solemne y que no admitía el divorcio salvo con ceremonias complicadísimas, era poco practicada en época clásica, en que se preferían otras variantes de matrimonio civil, que permitían solicitud de divorcio por cualquiera de las partes si el matrimonio iba mal. - Gracias: Helena"! (**negrito** e <u>sublinho</u> nosso). **Diccionario Etimológico Castellano En Línea**. Copyright www.deChile.net. (c) 2001-2021, verbete "nupcial", acessível em http://etimologias.dechile.net/?nupcial.

[xxxiv] Cantares 4:12-16ab≈ Provérbios 5:15-20!

[xxxv] "E chamaram a Rebeca, e disseram-lhe: Irás tu com este homem? Ela respondeu: Irei. Então despediram a Rebeca, sua irmã, e sua ama, e o servo de Abraão, e seus homens. E abençoaram a Rebeca, e disseram-lhe: Ó nossa irmã, sê tu a mãe de milhares de milhares, e que a tua descendência possua a porta de seus aborrecedores! E Rebeca se levantou com as suas moças, e subiram sobre os camelos, e seguiram o homem; e tomou aquele servo a Rebeca, e partiu. Ora, Isaque vinha de onde se vem do poço de Beer-Laai-Rói; porque habitava na terra do sul. E Isaque saíra a orar no campo, à tarde; e levantou os seus olhos, e olhou, e eis que os camelos

vinham. Rebeca também levantou seus olhos, e viu a Isaque, e desceu do camelo. E disse ao servo: Quem *é* aquele homem que vem pelo campo ao nosso encontro? E o servo disse: Este *é* meu senhor. **Então tomou ela o véu e cobriu-se**. E o servo contou a Isaque todas as coisas que fizera. **E Isaque trouxe-a para a tenda** de sua mãe Sara, e tomou a Rebeca, e foi-lhe por mulher, **e amou-a**. Assim Isaque foi consolado depois *da morte* de sua mãe"! Gênesis 24:58-67 (**negrito** nosso).

"E disse Jacó a Labão: Dá-*me* minha mulher, porque meus dias são cumpridos, para que eu me case com ela. **Então reuniu Labão a todos os homens daquele lugar, e fez um banquete**. E aconteceu, **à tarde**, que tomou Lia, sua filha, e trouxe-a a Jacó que a possuiu. E Labão deu sua serva Zilpa a Lia, sua filha, *por* serva. E aconteceu que pela manhã, viu que *era* Lia; pelo que disse a Labão: Por que me fizeste isso? Não te tenho servido por Raquel? Por que então me enganaste? E disse Labão: Não se faz assim no nosso lugar, que a menor se dê antes da primogênita. Cumpre a semana desta; então te daremos também a outra, pelo serviço que ainda outros sete anos comigo servires"! Gênesis 29:21-27 (**negrito** nosso).

xxxvi "Conjuro-vos, ó filhas de Jerusalém, que, se achardes o meu amado, lhe digais que *estou* enferma de amor"! 5:8

Terceira das quatro divisões decisivas do livro, vinculando unidade e marcando (mudança de) "cenário".

O Desposório é ladeado de sonhos: antes(3:1-5) e depois(5:2-7)!

xxxvii ... O trabalho continua < Gênesis 2:18-25!

xxxviii Responsabilidades masculinas pelo "romance" < Gênesis 2:23!

xxxix "Conjuro-vos, ó filhas de Jerusalém, que não acordeis nem desperteis o *meu* amor, até que queira"! 8:4

Quarta (e última) das quatro divisões decisivas do livro, vinculando unidade e marcando (mudança de) "cenário".

[xl] "Temos uma irmã pequena, que ainda não tem seios; que faremos a *esta* nossa irmã, no dia em que dela se falar? Se ela *for um* muro, edificaremos sobre ela *um* palácio de prata; e, se ela for *uma* porta, cercá-la-emos com tábuas de cedro. Eu *sou um* muro, e os meus seios *são* como *as suas* torres; então eu era aos seus olhos como aquela que acha paz..."!

O "Legado" continua...

[xli] "Acepções

■ adjetivo de dois gêneros

1   passível de contrair casamento

2   pronto, preparado para casar, esp. por ter atingido determinada idade (diz-se esp. de indivíduo do sexo feminino)...".
HOUAISS, dicionário eletrônico 1.0.5a e 2.0

(RJ: Editora Objetiva, 2002/2007), verbete "núbil".

[xlii] "Acepções

... **3**   Derivação: sentido figurado.

o que é transmitido às gerações que se seguem...". **HOUAISS**, dicionário eletrônico 1.0.5a e 2.0 (RJ: Editora Objetiva, 2002/2007), verbete "¹legado".

[xliii] **Comentário Bíblico Moody**. Volume 1: Gênesis à Malaquias. [Cantares de Salomão] Sierd Woudstra, comentador; Charles F. Pfeiffer, editor, págs. 834-835, *adaptado*.

Alexander Vasconcelos,
bíblico,batista!
alex.iquitus@gmail.com

"Cântico dos cânticos", um jeito hebraico de superlativo:
"hiperbolização de um substantivo por comparação com outros do
mesmo gênero ou espécie (p.ex., santo dos santos, rei dos reis,
último dos últimos, bela entre as belas)"!

Uma possível classificação por "gênero literário" poderia implicar o
gênero dramático, "que tem como forma de linguagem o diálogo e
se caracteriza pela ênfase na ação, [geralmente]sem a
interferência do narrador, de tal modo que esta, movida a partir de
um conflito, transcorre diante do espectador como se estivesse
acontecendo pela primeira vez"!

Suas personagens de ação, em ordem de apresentação: a
esposa(1:2), "filhas de Jerusalém"(1:5), o esposo(1:8), um "porta-
voz"(3:6).

Há uma certa harmonia estética com outras passagens: Gênesis
2:18-23 Cantares 2:10-13; Provérbios 5:15-20 Cantares 4:12-16ab.

O lugar (poético/retórico) de sua 'escritura' poderia ser as "câmaras
reais"(1:4), respondendo, de forma retrospectiva, ao
questionamento: como chegamos a onde estamos?